알아 보시고
연락 주시길
바랍니다

알아 보시고 연락 주시길 바랍니다

손근호 시집

그림과책

| 시인의 말 |

   시집 제목을 「가문비 나무」로 하려 하였으나 MZ 세대 3명에게 적당한 제목을 지어 보아라 하였다. 결국 제목이 변경되었다.
   책을 제작하는데 큰 도움을 준 해설과 시집 제목을 써준 하영상 작가에게 감사함과 이 시집 출판에 응원해준 나의 동시대 작가분들에게 감사함 전한다.

   두 번째 시집은 첫 시집 『월미도 갈매기』의 개정판으로 일부 잊을 수 있는 시인의 시가 첨부되었다.

2024년 10월

손근호

1 시인의 손에는 이슬이 생기지 않는다

가문비나무 …… 12

서해 어민의 얼굴 지난 삼길포 여름 …… 14

담쟁이 …… 15

시 짜깁기 …… 16

보리의 낱알 …… 18

산수유 …… 19

알아보시고 연락 주시길 바랍니다 …… 20

눈꽃 인형 …… 22

가뭇없는 시 …… 23

시 옹알이 …… 24

외벽청소부 김씨의 주머니 …… 25

삶이란 외로움을 쥐는 것이다 …… 26

시인은 동글동을 눈다 …… 27

자갈치의 하루 …… 28

시인의 손에는 이슬이 생기지 않는다 …… 30

낮달과 밤 달을 잃어버림 …… 32

뼈다귀 …… 34

멍게 …… 35

마음의 의자 …… 38

노을을 사랑한 새 …… 39

굴석유 미역석유가 나오는 유전의 바다 …… 40

소의 지살점과 시인의 지살점 …… 42

홍대 아가씨들에 대한 가을의 예의 …… 44

악필 …… 47

2 오래된 골목의 봄

무지개 반백 …… 50

부부 …… 51

詩 …… 52

월미도 갈매기 …… 53

오래된 골목의 봄 …… 54

봄 고양이 …… 55

칠흑 속을 걷는 여자는 아프다 …… 56

새벽의 시작詩作 …… 58

섬진강 예찬 …… 60

가을아 한 잎만 떨구어라 …… 62

소금인형 …… 64

3 잊혀진 새는 비상하고 싶어한다

베개에 묻혀 베갯잇에 눈물 적실 때 …… 68

별이 혜성이 된 이유 …… 69

소나무옷 …… 70

가슴으로 적은 詩는 가슴으로 듣자 …… 72

하늘에다 눈을 두면 너가 오겠지 …… 73

심장이 그대를 닮아가네 …… 74

그대 하늘로부터 오는 편지 …… 76

나의 착한 호수, 그대 이름 …… 78

그리움이 나의 지평선에 해처럼 뜬다면 …… 82

녹차를 마시는 그대 …… 84

온몸이 귀가 되어 …… 85

그대로부터 비타민 부족으로 …… 86

잊혀진 새는 비상하고 싶어한다 …… 88

하얀 겨울이 골목을 돌아올 때쯤에 눈부신 사랑을 하자 …… 90

그대가 듣고 싶었던 말인 줄로만 알았습니다 …… 92

이별은 파우스트 너보다 더 악렬하구나 …… 94

그대의 바다에 그대를 만나러 갑니다 …… 96

꽃잎 향기 …… 98

안개꽃의 이름이 되는 날 …… 99

시지프스 사랑 …… 100

이만큼 사랑을 보여 주고 싶습니다 …… 101

이별 화석 …… 102

가을 백서 …… 103

시들지 않는 꽃 …… 104

이별을 덮어줄 사람을 만나고 싶다 …… 106

개미허리 …… 108

눈꽃 연인 …… 109

가난한 연인의 크리스마스 이야기 …… 110

그대가 흐릴 때 …… 111

詩는 나의 연인 …… 112

눈물 수정을 물고 나는 새 이야기 …… 113

눈물이 끝나는 날 …… 114

행복한 여인 …… 115

바다야 …… 116

편애 없는 꽃이 되어 …… 117

사슴 같은 그대를 달래며 …… 118

눈물로 지울 수 있는 것 …… 120

향사슴으로 산다 …… 121

아름다운 나의 병력 …… 122

유리잔의 빙점 …… 124

자작나무 …… 125

천 번의 키스 …… 126

천사가 되어 …… 127

환생 …… 128

무인도에 살면 …… 129

당신은 이별과 만남의 줄에 줄 타는 광대 …… 130

슬프지 않은 향기로 이별이 다가왔으면 좋겠다 …… 132

고흐, 밤의 카페 테라스에서 …… 134

해설 …… 136

1
시인의 손에는 이슬이 생기지 않는다

새 한 마리가 노을을 바라본다

완연한 노을에 얼어버린다

사람은 한 사람을 바라보다 얼어 버리고

그것을 우리는 완전한 사랑이라 한다

가문비나무

가문비나무는 속마음을 움푹 이겨내리라 믿는다

가문비나무는 겨울 광장에 말린 우럭처럼 포즈를 하고
쪼그라진 그녀의 몸매는 틀니도 뽑혔는지
말린 우럭이 뽀끔뽀끔 숨을 쉬는 것처럼
바짝 말린 건새우 옆에서 긴장하며 삐뚤어져 있었다

어느 새빨갛고 촛농같이 녹은 연탄불 꼼장어처럼
저승으로 끌어내리는 연탄불에 익은 고깃내에
새빨갛게 내 속은 타들어 가야만 했다

아주 추운 날
가문비나무는 겨울의 광야에 속마음을 이겨냈다

 소년의 키만큼 자란 가문비나무는 눈 속을 이겨내려고 하얀 눈을 움푹 먹었다
 하얀 가문비나무는 12월 중순부터 크리스마스트리가 되는 날이 되었다

 드디어 풍성해진 그녀의 몸매는 새 이빨처럼 전구를 물고 눈을 아이처럼 빠끔빠끔

나무는 대추나무 같은 아이의 눈동자처럼 해맑게 오색의 트리 전구가 되었네
 그는 12월 25일에 세상을 이겨낸 축복을 믿는 이들에겐 트리가 되었다네.

*가문비나무 크리스마스트리로 이용되는 가문비나무의 나뭇가지는 약한 편이라 다른 나무와 달리 아래쪽으로 휘어져 축 늘어진 모양이 특징이다. 그만큼 멋진 삼각형을 만들어 트리로 적합하다.

서해 어민의 얼굴 지난 삼길포 여름

  삼길포항은 언제나 밀물과 썰물이 들어왔다 나간다

  흑갈매기 부부는 언젠가부터 그들의 섬에서 사랑을 나누고 있었다
  사람들이 보든 배가 지나가든 언제나 태풍이 오기 전까지
  항구는 늘 배가 들어오고 잡아두는 닻줄이 생명의 물이끼처럼 파랗다

  삼길포항 등대는 배들 오라 가라 신호한다
  안전하게 돌아오라 하듯 손짓을 한다

  더운 여름날 물차 선원은 더위에 생선을 채운다
  그래서 삼길포항은 더운 열기만큼 땀이 흐를 사이 없이 마른다

  삼길포항은 부지런하다
  고기 백만 원어치 잡아 항에 나르고 또 바다로 나간다

  삼길포 갈매기는 이런 사람들을 말없이 바라보고 있다
  삼길포항은 분주한 서해 어민의 얼굴이다.

담쟁이

겨우내 얼어 있는 감옥 같은 계절에
갈변의 담쟁이는 언 채 굳어 있다

담쟁이는 푸른 날 온도와 습도를 갈망한다
기어이 완만한 봄은 수분을 머금고 자라라 한다

 자유로워지고 싶다고 한발 한발 개구리 발처럼 한턱 두턱 벽을 타고 오른다 자유를 향하여 푸르게 자라는 담쟁이
 푸르게 뻗음은 한없이 점령한다
 누구나 처음엔 비좁고 답답한 곳에 갇혀 있다
 그의 시작은 그저 비좁고 답답한 그곳이었다

 갈변의 겨울 담쟁이로부터 여름날 풍성한 담쟁이의 벽을 타고 오르는 자연의 자유를 채우는 건 그 희망의 시간은 단 한 계절뿐
 지금도 어느 벽이든 어느 건물이든 담쟁이는 푸른 숨을 쉬며 개구리 발가락처럼 한 발짝씩 오르는 중이다 차분차분 개구리 발같이.

시 짜깁기

　시 종양은 시인이 거듭나는 중견 시인의 나이
　일반적으로 뇌의 종양은 5년은 못 넘기고 말더라는 소문이 있다

　천장에 놓인 검은색, 천장에 눈알을 깜빡
　눈동자 우선, 마음 심상의 MRI, 스스로 불면의 의사가 되어
　종양 어디에 자리해 하고 있나, 없나 밤사이 새벽 내내 진찰한다

　의사는 나, 환자도 나, 의료보험도 없는 시 짜깁기를
　끝나지 않은 천장의 검은색 빛, 흑색 종이에 짜깁기 잉태를 해보려 한다

　뇌의 종양은 5년을 못 넘기고 시 종양은 시인이 거듭나는 중견 시인의 나이이외다

　뇌의 소리는 뇌를 진찰하는 시인 본인의 고백이고 한 치의 떨림도 없는 실수
　손 떨림 없는 신경과 의사와 마취과 의사의 손 떨림, 마치 그는 화장장에 시인이 쿵쿵 자기 심장 소리가 귓속에

자리해서 들리는 달팽이관의 이명처럼

  사람의 종양은 사람 자신의 세포가 변이해서 생긴 암, CANCER 오래전부터 이미 자리하고 있는 DNA 염기 세포의 조작
  시를 짜깁는 시 종양은 시인의 관념적인 심상이 변이해서 생기는 메시지, POET 아주 오래전부터 잡고 있는 POEM 시인 세포

  사람에겐, 뇌의 종양은 5년은 못 넘기고 시 종양은 시인이 거듭나는 중견 시인의 나이이외다.

보리의 낱알

가장 많은 낱알의 열매 낱알의 감정들

그리고 사랑,

사람에겐 많은 감정의 낱알들이 핀다

곡알은 곡간에 두고 사람의 감정은 곡간에 둔다

사랑의 곡간엔 많은 곡알이 있다

청보리 시절에 알알이 자란 곡알과 낱알들

풋사랑 시절에 알알이 자란 사랑과 믿음들

속사랑과 속알들

푸짐하게 담은 낱알

사랑을 듬뿍 알알이 담고 싶은 날들에

사랑의 곡간엔 사랑의 열매가 가득가득하다.

산수유

오래된 나무인지
새나무가 산수유인지
어느 날 산수유 열매를 보았다
산수유나무가 자란 것인지
지나가는 행인에게 물어보았다
이게 산수유입니까

나의 사랑만큼 익는 날
한겨울 한 시절 익은 사랑만큼
새빨갛게 익은 산수유
일 년을 버틴 속알처럼
흰 눈에 서러운 추위에도 견딘
얼지 않는 사랑
여인처럼 완숙한 겨울 산수유
산 나무 산수유는 겨울이 추울수록
붉은 열매가 꽃처럼 매달려 흰 눈에 더욱 빠알갛다.

알아보시고 연락 주시길 바랍니다

얼마 전 오랜만에 봄나들이 가는 날
헤르만 헤세의 애인 만나는 날처럼
그대를 향한 발걸음이 가벼웠지만
순간 그대와 나 사이에 갈바람이 세차게 불어옵니다

갈바람 탓의 존재와 대화를 하다 보니
대화의 핀트가 안 잡혀
정상 핀트가 나간 것 같고 마치 술 먹은 듯합니다

전에는 대화의 초점을 자동으로 잘 잡아내었는데
그대를 위한 나의 집중의 시력이
AF 잡는 속도가 본의 아니게 느려졌고
게다가 그대 마음에 가볍던
나의 초점이 완벽하게 잡히지 않는 듯합니다

즐거운 새벽 아침
그 가볍던 발걸음과 종달새 반기는 소리는 반전으로
싸그럭싸그럭 아늑하게 들립니다

가벼운 존재의 발걸음이
오만과 편견의 무거운 발자국이 되었습니다

빠른 시간 안에 당신께 AS 보내니
증상 알아보시고 연락 주시길 바랍니다.

눈꽃 인형

한겨울 내린 눈들은 쌓이는 대로
새하얀 백설기 같은 눈꽃 인형들이 된다

눈꽃 인형은 햇살이 오후에 뜨면 소금인형은
바다에 들어가
녹아서 없어지는 것처럼

눈꽃 인형은
그 빛이 얼마나 따스한지 얼음물이 되어 녹아든다
얼마 후 찰나에 아지랑이처럼 피어난다.

가뭇없는 시

가뭇없이
길을 걷다 봄이 오고 여름이,
여름 뒤에 가을 겨울

가뭇없이 떠오르는
그리움

시를 응시한다
가뭇없이 그리워하는
그만을 응시한다 안개꽃이 만발하다.

시 옹알이

겨울 추억 사랑 이별 하늘 별 낙엽 눈사람
옷, 가을옷 가을 반짝이는 구두 더 반짝이는 힐
언덕 산마루 그리움 애정 파란 얼굴
시인이라 치고 아는 단어 수가
겨우, 가으내 돋아나는 수가 여남은 시어 20개

손에 치매 온 듯이 전율이 온다
조물짝 조물짝
낑낑

마음을 쥐어짠다
시에 대한 가슴이 그사이 얼었나 보다

가을은 시를 부르고
우체부 아저씨는 등기 우편을 주고 가는 이 가을날

시에 대한 소상한 기억을 소중히 불러
심상에 몇 자의 글을 새겨

내가 아는 단어로 만든 시들이 가슴에서 춤을 춘다

외벽청소부 김씨의 주머니

서울서대문농협건물은14층건물의아침이다회색빛대기오염
이진하게옷을입혀놓아오늘은외벽청소부김씨아저씨물걸레
질이다아슬아슬목숨건곡예를하고김씨아저씨주머니에아
내와아이들이름이대롱대롱매달려있다

산다는 건 아찔하다
그러나 행복한 아찔함은 있는가 보다

그래서 죽지 못해 사는 사람에게도
죽이지 못할 조그마한 행복이 있는가 보다

주머니에 들어갈 크기의
자그마한 행복으로 인해
이 세상엔 죽는 사람보다 산사람이 많은가 보다

보험아줌마가이번달에가지고갈보험금도김씨주머니에서
불룩하다지난달에장마라벽타지못해연체되었던전기세도
불룩하다김씨주머니는외벽의높은농협만큼두툼한주머니
다해가서대문교차로에서넘어가고있다.

삶이란 외로움을 쥐는 것이다

외로움을 지니고 사는 사람이
이 세상의 반이고
그 반은 자신이 그 속에 속한다

창문을 열고 아래를 보아라
움직이는 모든 것을 잘 보아라
외롭다고 힘들어하지 마라

휑하니 비어 있는 공허함에 미치도록
괴로워하는 존재들 앞에선

네가 움직이지 못할 시점에
움직이는 모든 것은 사랑을 찾는다는 것을 알게 된다

사람은 태어날 때 주먹을 쥔다
외로움을 쥐는 것이다
죽을 때 그 주먹을 편다
그제사 외로움을 놓는 것이다

움직이는 모든 것은 사랑을 찾는다
사랑아 사랑아.

시인은 동글똥을 눈다

시인은 종이를 먹고
종이를 배설

시인이 염소를 닮기 위해
염소처럼 수염을 기른다

한 번쯤은 나를 떠나 변화를 준다
시인은 초월한 철인

염소를 닮았으면 좋겠다
염소가 되어 종이를 먹고 싶다
동글똥이라도 귀여웠으면 좋겠다
동글똥을 바라보는 이로부터.

자갈치의 하루

간간이 들어간 주름과
햇볕에 한 인생 태워
검은 반질의 얼굴

날 밝기 전 비늘치고
날 오르니
하나 광주리 쌓이니

이만 원은 앞치마
오른쪽 주머니로 들어가고

만원은 내일 새벽
타인의 주머니에 들어갈 고기값이라

왼쪽 쌍둥이 같은 오른쪽 주머니에
살짝, 맞은편 당근 장수 아지매가
볼 새라 살포시 들어간다

한스슬, 어둠이 지나치는 자갈치
자갈치의 시장이 끝나는 건

행인의 발걸음 소리가 사라지고
흐느적거리는 술 취한 사람들이

자갈치를 바다로 여기며
하나둘 환한 포장마차에 모여 있을 때이다

홍합 냄새가 무르익어 포장마차의 불빛이
자갈치의 바다에 비추어 물결이 흔들린다

자갈치의 생선 씻은 냄새는
파도 소리를 묻혀, 사람들을 지나친다.

시인의 손에는 이슬이 생기지 않는다

詩인은
열 번을 고개 숙여야
한 번 정도 하늘을 우러러볼 수 있다
안도감을 쉴 수 있는 행복감에 젖었을 때
시인은 비로소 저녁노을을 바라보고 있는 게다

詩인은
밤새도록 몸열에 데인 후
식은땀이 이마 언저리와 목덜미에 흘러내리고
그제사
맑은 살내음을 타고났을 때
눈이 맑아진 것을 느끼는 사람이
시인이 된 것인 게다

詩인은
굳혀진 바위 같은 가슴을
수천 번 치고
한을 지르고, 지르는
마음의 자해를 하고도
땅끝에 서 있는 자신의 발가락에게도
미안함에

여리고 여린 감수성에게
고개를 숙이고 여유를 가진 이다
삶과 사람을 사랑하는 이다

시인에겐 이슬이 생기지 않는다
이슬보다 순수해서 이슬이 튕겨 나간다
그래서 시인의 손에는 이슬이 생기지 않는다

시인의 손이 나부낀다
이슬이 앉을 시간도 없이.

낮달과 밤 달을 잃어버림

절친한 문인 두 명이
내가 찍어 놓은 낮달 사진과 밤 달 사진에
자신의 아들인 시와 신부 삼는다 한다

그래서 고이 간직한 낮달과 밤 달을 컴퓨터에 묻어 두었다
어느 날 컴퓨터에게 맡겨놓은 낮달과 밤 달 사진을 달라 했다
어깨 건장한 컴퓨터는 주기가 싫은지 자꾸 버벅거리며 뺀다

기다리기가 다리도 시리고 해서
이자도 필요 없으니 원본 사진만 달라고 했다
어떻게 찍은 사진인데

은행보다 안전하다고 당부를 하던 컴퓨터에 없다 한다
자신의 하드가 망가져 자신도 어쩔 수 없다 한다

어허
어디서 낮달과 밤 달을 찾나
컴퓨터의 말을 믿은 내가 잘못이네

낮달을 잡으러 가세
밤 달을 캐러 가세

파주에서 잡은 낮달
어느 건물 옥상에서 잡은 밤 달

컴퓨터에게 맡겼다가
이런 난감한 경우가 있나

낮달과 밤 달을 만나러 올
문우의 아들에게
뭐라고 변명을 하나

역시 컴퓨터는 믿지 못할 은행이라네

내일부터 낮달을 잡으러 밤 달을 캐러
하늘만 보는 닭처럼 살아야겠네.

뼈다귀

세상 사람들 다이어트 한다
다이어트 약 먹고 밥 먹고
운동하고 허기져 다시 밥을 먹는다
살 안 찌는 방법
뼈다귀가 되는 방법
안 먹으면 된다

사람의 입에 달린 식욕
사람 몸에 달린 성욕
사람 머리에 달린 욕심들
나는 요즘 밥을 먹지 않아서 그런지
뼈다귀가 되어 버렸다
옷이 헐렁하기도 하지만
뼈다귀가 되니 생리불순으로 어질하다
지나가던 강아지가 자꾸 나를 힐끗 쳐다본다
며칠 전 놓친
그 뼈다귀가 생각나는 모양이다
사람도 죽으면 뼈다귀로 돌아가고
언젠가는 강아지의 아귀에 놀아나도 좋다

어차피 인생이란 한낱 부질없는 개뼈다귀인 것을.

멍게

1
멍게는 뿌리로 통해 자라는 풀이 아니라
뜨거운 빛에 광합성 하며 자라는 나무가 아니라
삼 년 동안 바위틈을 움켜잡고 버티며 호흡하는 동물이다

다리가 달린 그것도,
빗살보다 얇은 수염뿌리 같은 마음으로
움켜쥐고 서 있는 삶

멍게를 다시 바라보면
뿌리로 그 틈새 사이에 자라난 것이 아니라
모랫바닥에 떨어지면 세월의 조류에 나부껴
비빌 언덕도 없이 외로워질까 두려워
삼 년을 매달려 있는 것이다

멍게는 삼 년 동안 한 자리에서 돌에 매달려 있다
움켜잡은 수염뿌리가 힘없어 모래 사구에 떨어졌을 때
바닷속 파도, 그 조류에 낙엽처럼 굴러다닌다
멍게의 삶이 −꺼−끄졌다

2
아침은 늘 새 아침이다

새벽녘 반가움에 들뜬 해녀가
영감 두 다리로 거느적거느적 뒷간 가는 안심 잡아두고
뛰어가야지 하며 바다를 일으킨다
훅, 하고 바닷속
매달려 있는 멍게들 중에
모래사장에 뒹구는 한 마리 멍게를 줍는다

오후가 되면 숨비소리 쉬던 해녀가 따온
삼 년 묵은지 같은 멍게
지나가는 사람들이 바위에 앉아 멍게 한 접시
시인되듯 읊는다

못난 사람 말하길 멍게 닮았다
멍게 비빔밥처럼 맛나다
잃었던 입맛 돌아온다라고들

3
멍게의 삼 년 삶이 외롭던 향이라서 진한 것이다

그래서 사람은 멍게 한 접시에
바다 보며 소주 한 잔을 걸치게 되는 이유도
살짝 그 삼 년의 외로운 향이
코끝에 발라져 희석하게 할 수 있는
시간이 그나마 남아 있기에 즐기는 찰나이다

아무도 멍게가 삼 년을 수염뿌리로
외로운 바위를 움켜 쥐었다가 낙엽처럼 떨어져,
깊고 깊은 심해에 떨어져
모랫바닥, 혹은 사구에 떨어져 사라진다는 것을 모른다
멍게처럼. 해녀처럼. 우리처럼.

*멍게는 우렁쉥이라고도 한다. 얕은 바다에 암석, 해초, 조개 등에 붙어서 산다. 생명은 약 3~4년이다. 숨비소리는 해녀가 잠수 후 수면에서 고단숨을 희파람처럼 쉬는 행동

마음의 의자

섬뜩,
앉았다가 달아나야 되는 그런 의자를
마음속에 만들어서는 안 된다.

노을을 사랑한 새

새 한 마리가 노을을 바라본다
완연한 노을에 얼어버린다

사람은 한 사람을 바라보다 얼어 버리고
그것을 우리는 완전한 사랑이라 한다

그렇게 춥지만 않았다라고 말했다.

굴석유 미역석유가 나오는 유전의 바다

태안에 기름 만 오천 톤이 터졌다 하네
기름 한 방울 나지 않는 바다에
웬 기름인가 얼씨구 좋다
이제, 우리 고생 다 끝났네
대통령도 새로 뽑는다 하네
마음고생 끝난다는 소식이라네
시꺼먼 기름을 한 삽씩 떠서 담으니 이제 백 년은
담을 수 있어 절로 신이 나겠네

역시나
헛소문
터진 석유는 땅에서가 아니라
석유 싣고 오던 배가 옆구리 터져
삐져나온 기름이라네

우짜나우짜나
서해바다, 태안바다 기름 범벅이가 되었네
굴도 죽고 어민도 죽고 난린데
아직 석유가 터진 바다에
대통령 선거만 하네
누구라도 와서 이 검은 죽음의 기름 한 잔 묵고 가거나

굴석유 미역석유, 석유 한번 대박이네

대통령이 말하는 석유가 터진 바다
그 사이에 유전 바다가 되어 버렸네
이제 태안에 사는 생물은 다 죽는 길만 남았네
언제 만 오천 톤 죽음의 기름을 삽으로 다 퍼담으려나.

*2007년 12월 9일 태안 만리포해수욕장에 심각한 기름유출 현장을 둘러보고.

소의 지살점과 시인의 지살점

한우가 비싸서 별로 먹어 본 적이 없는 시인에겐
백화점 한우 한 근에 詩집 다섯 권이다

詩집 한 권엔 시인들의 피눈물이 묻혀 있다 생각하면
한우 정육점 지나치려면 급하게 발을 세우고 지나친다

詩집 한 권보다 한우 한 근이 비싼 오늘
소는 여물을 먹었고 우리는 인생을 먹었는데
시인은 詩집으로 봉생하고 소는 고기로 봉생하는데
소도 지살점이고 詩도 시인의 지살점인데
詩집 한 권이 한우 한 근보다 비싸지 못하다

미쳐가고 있는 서기 2008년의 봄
하루를 보내고 있는데, 미친 소 때문에 시청 앞 경찰들
유모차에 아기 태운 아줌마들과 사람들
왠지 눈물 글썽글썽 시집 한 권 쥐여 주고 싶다

쇠고기 한 근에 비하면 시인의 詩집이 너무 싸다
시는 가슴에 분토가 되건만
쇠고기 한 근은 무엇이 되련가

집앞에4000원짜리뷔페가있다치과에갈일이있으면점심은그가계에서한끼를해결한다그뷔페에는쇠고기불고기를무한정먹을수있다과연한우로가능할까이가격에말이다고아들이나돈없는서민들에게배불리먹을수있는고기가수입산이라면이래죽나저래죽나고기마음껏먹이고싶은것이웬생각일까그뷔페집에서나는소불고기맛나기만하다시집한권값으로두끼의쇠고기를먹을수있는아련함으로아찔한시청앞에나는서있었다詩집한권쇠고기한근값동등하게해달라고.

홍대 아가씨들에 대한 가을의 예의

1
늦여름날은 여름의 예의를 가지고 있다
젊다 젊다 하는 홍대에 어느 시인은 카메라를 들고 갔다
코스프레 변장을 한 아가씨 무리 중에
유달리 줄담배를 피우는 한 아가씨

그 시인은 Can I take a photo? You are so….
일본 아가씨처럼 보이는 패셔너블 아가씨 왈
저 한국 사람인데요

꼬질러 두었던 담배를 물고
홍대 놀이터에 앉아 있는
그 아가씨 위로 하늘을 바라다보니
한 마리 비둘기가 전봇대에 앉아 그 광장을 보고 있었다

외롭든 외롭지 않든
아가씨든 누구든
그 코스프레처럼 진하게 화장한
아가씨의 담배를 존중해주어야 한다
홍대의 골목을 찾아가면 언제든지
그 아가씨의 파란빛 담배 연기

보라색의 진한 아이라인과
피어싱을 입술에 한 그 아가씨의 침 냄새에
담배 내가 고소하게 느끼는 날 가을이 올 때쯤
우리 모두 시인 마음 한 자루 비우고 그 비운 여백에
우리는 저 하늘 전봇대에 앉아 유유히 응시하는
비둘기가 되어야 하겠다

2
가을이 오면 누구나 홍대 하늘에 비둘기 같아야 한다
그 비둘기의 앉음처럼
홍대 아가씨들을 바라보아야 하는
우리의 늙지 않는 응시는 같아야 한다
홍대 밤거리를 싸돌아가는
그 사랑의 소고에 대하여 말한다

홍대 터엔 오래전부터 사랑하지 못해
죽은 젊은 영혼이 줄지어
얼마큼 많이 죽었단 말인가
젊은 도깨비 어린 도깨비부터
어린 토끼 고라니 사슴 처녀 총각

그 혼들이 혼불로 사람으로 태어나서 그렇게
젊음이 이 거리를 채우고
바삐 가는 저 처자들은 언제 적 수백 년 전에 죽은
어린 도깨비들이 환생한 것일까
사랑 찾으러 가기 바쁜 저 빠름 새에 씨익 지나간다
이십 년만 젊어서, 이 도깨비 거리를 알았다면
나도 저 도깨비들과 홍대 아가씨가 되었다
사랑 찾으러 휘익 지나쳐보자
가을이 들어서면 사랑도 들어서는
저 영혼 불의 육신으로 활기를 채운다
시인은 낙엽처럼 이 거리 저 거리 뒹군다.

악필

연필을쥐고십분동안시를적는다타고난게손가락에힘이들어가는것은어쩔수없다손가락에멍이든다손가락에멍이든것도잘못이지만손가락에힘이왜그렇게들어가서몇자못적고손가락에멍이드는지이유를몰랐다손가락에멍이드는습관이되는날어느날내가일기장에하루일과를시로적었다그런데본인이적어놓고그악필을내가이해를못했다악필의결과는참담하게본인을문맹으로만들었다문맹이란악필이죄이다마음의악필이란마음이마음에이야기하는프로이트의투사이다아니프로이트의주인공융의무의식이다악필만큼나쁜것은시인의손가락에십분동안연필을쥐는동안왜손가락이멍이드는그균의악랄함에묻고싶음이다그균은이별이다이별이균이다연필을쥐고십분만에붓구멍이드는결과를받아들이는날시간은노을저녁에노을을본것이다

아하! 노을이다.

2

오래된 골목의 봄

새벽 가로등 아래 놓인 이별, 이별만은

나뭇잎의 잔상처럼 희미하다

기억의 잔주름엔

사랑이 주름 잡혀 뭉쳐져 있다

무지개 반백

어디를 가도 반백 머리만 봐도 반갑고 반갑다
밤새 고독하고
밤새 외롭다고
아침이면 새벽 서리 머리에 앉았냐고
어디를 가든 삶의 무게가 내 머리에 앉는 것을 어찌 막으리

중년의 사내가
벌써부터 반백이란 소리 듣기 싫어
수줍게 약국에 들러, 독한 내 참으며 염색을 하지만
반백이 검은 머리가 되니
또 반백이 될 한 달 후가 걱정이다

고독한 만큼 부지런해야 한다
외로운 만큼 부지런해야 한다
반백이 되는 염색약이 새 반백 아래부터 올라오는데
그 무게에 눌려 올라오는 삶의 무게가
가볍지 않게만 보이도록
흰머리 끝에 비친 햇살이 무지갯빛처럼 보이도록
사람과 삶을 사랑하자꾸나.

부부

부부란
손을 마주 잡고,
늘 아쉬운 손 잡으며
미안해하는 조바심.

詩

먹구름 같은 이별이 숨을 쉬는 세상엔
시가 있어야 사람이 살 수 있다

언제나 시인의 이름은
아무래도 좋지만

항상 그 먹구름 뒤에 만남이 빛남을
누군가에게 들려 주어야 한다.

월미도 갈매기

오늘 비로소
갈매기가 지 스스로 눈에 아이라인을 그리고
꽃보다 아름다운 립스틱을 칠한 것을 알았다.

오래된 골목의 봄

녹슨 골목길
녹슨 인적

봄날 환한 햇살의
오래된 골목

어느 아낙네가 걸어 놓았을
대롱대롱 걸려 있는
봄을 말리는
무언의 빨래집게들은
너나 나나 할 것 없이
색바랜 봄집게에
남은 겨울을 매달고 있었다

겨울, 지 몸이 그래서 봄에는 이러지도 못하고
기지개 살랑살랑 흔들며 아지랑이가 되는구나.

봄 고양이

나는 처마밑에
아지랑이를 잡으러 곤잠 자는데
수염 끝에 나비 한 마리가 나의 머리를
밀치더니 달아난다

콧등에 물씬 피어오르는 아지랑이
나는 여전히 게으름에 하품이 찢어진 입이다
야옹
야옹
나는 봄 고양이
봄나들이 게으른 고양이 한 마리
한적한 처마밑에 단순한 봄 고양이라네.

칠흑 속을 걷는 여자는 아프다

도시 허리를 안개가 품고
나는, 안개 바다 을왕리를 달리고 있었다
안개가 꼬리 물어 앞이 꾸물꾸물하게 보이는 도로변에
봄비가 흐물흐물 내리고
립스틱 진한 여자가 도로 길을 걷고 있다
비틀비틀 걷는 폼이 술을 마셨는가 보다
감기 들지 않을까
무슨 아픔이 있기에 이 대낮에
술을 마시고 비틀비틀 도로를 무작정 걷는가

을왕리 해변 모래톱에 움직이지 않는 선체의 녹슨 배
해변 도롯가에서 해변을 빠져나오는 길로 돌아서
나온다, 비는 꾸물꾸물 내리고
봄비지만 빗방울이 시리도록 한기를 품고 있다
한참, 바다를 읽었다, 안개도 읽었다
운무다

한 시간이 지났을까
피다 만 담뱃불 끄고
을왕리 해변을 돌아서 오던 길로 차를 몰았다
그 여자가 아직도 도로 길을 걷고 있었다

한 시간 동안 꽤 걸었는데
그 여자는 아직 운무를 흡수하면서 간다
아마 그 운무는 눈물이 되어 다시 흘리겠지만
주어진 아픔은 사람을 너무나 비참하게 한다
차를 세우고 태우고 싶었다
그래서 사연을 듣고 싶기도,
그리고 따스한 커피 한 잔 주고 나의 길을 가고 싶었다
그러나 차는 이미 그 운무 여자를 뒤로 한 채
고갯길을 넘어서고 있었다
여자는 웬만한 아픔이 아니면 칠흑 속을 걷지 않는다.

새벽의 시작 詩作

새벽에 고달픈 걸음으로 헛디딘 발
절벽을 구르는 비하의 아득함이여

생채기에 잦아드는 피는
생의 확인으로 흘러 아픔으로 와 닿는 환희다

아득한 새벽의 시상은
흩어놓은 별빛에 쏠리고

위로를 거절하였던 랭보의 마음처럼
언어를 깨우치는 아픔으로
새벽 아침을 채우려 하는 나의 언어의 벽들
내가 아무것도 아닌 나의 벽

말갛게 씻긴 눈으로
가장 불쌍한 이가 되어서

때로는
낮아지는 겸허함으로
나누어 주는 아픔을
기쁨으로 감내하는 죽은 자가 되어라

그리하여
혼동되지 않는 목소리로
가지에 깃들이는 새의 안식이 무겁게 휘청이고
현란한 태양 아래
안주할 그늘이 없는 그곳에서
조그만 정리를 배우는
사랑을 입는 글지기가 되어라

산지기의 호루라기 소리가 하산을 재촉하듯
양각 뿔 피리의 음률은
어찌할 수 없는 필연의 결속으로
가슴이 벅차도록 소중한 나의 시상을 그리워하여라.

섬진강 예찬

하동을 지나
섬진강에 올라서면
내 맘엔 작은 회오리가
생겨난다 기억의 회오리

내가 사랑하는 여인과
무작정 여행을 가던
이럭저럭 길을 따라

잠시 섬진강에 발 담그기엔
추운 이맘때 우리는 섬진강
모래 위에 얼싸 앉았다

그리고 바다보다 깨끗한
재첩 한 그릇 빙어 한 접시
은어 반 접시 향어 한 접시

사진을 찍지 못해도
하늘 아래 태양의 광촉에
남긴 나와 내 연인의 그림자들

섬진강의 여행은
살아보아서 느끼는
작은 회오리의 기억

늘 살아가면서
이 회오리를 잊지 못해
다시 가보려 마음먹는다

그리고 다시 오늘 하루
나를 마감하며
나의 회오리를 재운다.

가을아 한 잎만 떨구어라

가을아
가벼이 낙엽을 띄우지 말라

하루에 한 잎만 만들 거라
하루에 한 번씩 떨구는
생애의 비잔함이 애절하다

여물면 여문 채로 꽃이나 필 것이지
눈물 따스한 나무가 애정을 버리는
이 가을아, 하루에 한 잎만 떨구어라

비련의 가을아
어스러진 해가 넘어간다

가을 노을아
눈물 다 마르고 잠을 자라 하는
동면의 겨울을 부르려는구나

가을아
가지 마라
내 몸에 낙엽을 다 떨구어라

눈꽃이 피어도 깨끗한 나의 가지를 위해
더디게 가거라.

소금인형

어느 바다에나
새벽 파도를 볼 수가 있고

가로등 아래 오래된
소금인형의 이별 이야기가
도처에 묻어 있어
어렵지 않게 그 이야기를 들을 수 있다

사람에겐 누구나
푸르게 맴돌다 멈춰 버린
기억의 흔들림, 기억의 주름이 있다

소금인형의 이별
한 페이지의 이야기
그녀의 이야기 한 페이지를 듣다 보면

새벽 가로등 아래 놓인 이별, 이별만은
나뭇잎의 잔상처럼 희미하다

기억의 잔주름엔
사랑이 주름 잡혀 뭉쳐져 있다

뭉쳐진 고백들
그 사람을 사랑했노라고
그 사람을 아직 잊지 못했노라고,
이 뭉쳐 펴지지 않는 서글픈 고백 덩어리
추가된 흔들림은 오래된 기억에 지나지 않는다

다만
이별의 흔들림
그 잔상의 경로에
묻어 버리고 싶었을 뿐인데

오래된 기억을 경유하는
소금인형의 가슴 같은 푸른 새벽에
사라져 버린 그녀 이야기를
밤새 사람들은 듣는다

그러나
아무도
그
소금인형을 만난 이야기를 하지 않는다.

3

잊혀진 새는 비상하고 싶어한다

날갯짓을 잃어버린 사랑 앞에서

비상하지 못하는 새가 되었다

이별을 떨구고 비상하고 싶다

사랑 앞에서 자신 있게 날아가고 싶다

베개에 묻혀 베갯잇에 눈물 적실 때

내 가슴에 한 사람이 살고 있습니다
수많은 사람 중에 오직 당신만이 있습니다

내 작은 새가슴에 당신이 아름답게 살고
순간 시간마다 당신의 이름을 불러봅니다

당신의 이름 옆에 사는 맘 좋은 이웃처럼
그렇게 항상 존재하고 싶습니다

아침에 눈뜨고 당신이 밤새 내 여린 가슴에
부대끼지 않았나 이름을 불러봅니다

저녁에 베개에 묻혀 눈물이 베갯잇을 적실 때
당신이 내 가슴에서 슬퍼할까 가슴으로 울지 않습니다
당신 이름 석 자 언제나 다른 이들과 부대끼지 마라는
것입니다.
살면서 소원이 있다고 합니다.

별이 혜성이 된 이유

그대가 기댄 창가에
혜성 꼬리별 하나가 지나칩니다
첨부터, 눈물의 시작은
처음부터 그대의 별이었음을
알려주는 것이랍니다
저는 외로운 밤이 스쳐 지나는
그대의 창가에 잠시
그대를 바라봅니다
그대가 바라보는 밤의 창가에
그대 시야를 지나칩니다
그대가 바라보는 이 순간에
혹시나 바라볼까 별이 되어 지나가지만
어느 날부터 눈물을 흘리는 별이 되어
그대 창가에 지나칩니다
별의 눈물이 혜성의 여운이 되었답니다
눈물 꼬리가 아름다운 혜성으로 지나칩니다
외로운 밤이 스쳐 지나는 오늘에
밤의 시간은 짧은 촛불처럼 꺼져갑니다
별의 눈물이 아름다워
그대의 외로운 창가를 밝힐 수 있으면 합니다.

소나무 옷

그대의 아침을 열 수 있다면
다른 이름으로 옷을 입겠습니다

우리의 봄날
연한 솔잎을 모아
병 속에 담았습니다

투명한 그대에 대한 상념들
키스를 머금은 솔잎 같은 미향들

시간을 쏟아
매일 녹아나서
그리움 원액이 눈물처럼 고였습니다

매일같이
나의 꿈은
소나무의 계절이 다하는 때까지

따뜻한 한 잔의 솔잎차
입안 가득히 번져서 머물다

그 봄날 속에서
늘 푸른 소나무처럼

솔빛으로 향기가 묻어나는
흔적으로 남으며

그대의 아침을 열어
소나무의 옷을 입겠습니다.

가슴으로 적은 詩는 가슴으로 듣자

내가 시를 쓰지만
나의 노래라고 생각해, 널 향한

4분의 3박자의 템포를 시에다 넣고
플루트까지 넣었어

귀 기울여봐
눈만 기울이지 말고

바보, 눈으로 보니 소릴 못 듣지
맘으로 적은 시는 맘으로 들어야 되잖아

들리니
음, 음, 으음, 음

가슴으로 적은 시
가슴으로 듣자.

하늘에다 눈을 두면 너가 오겠지

작은 한 점이 되어버린 너의 모습을 배경을 하고
작은 우리의 약속을 기다릴
이 하늘 아래에 눈을 둘 거야

하늘에 눈을 두는 건
작은 한 점 같은 너의 영혼이 흩어져
마치 저 푸르른 하늘의 배경이 된 것처럼
그 배경의 약속을 믿어

하늘에 눈을 두다 보면 너가 오겠지
비로 변해서 오든 햇살로 오든
가을로 오든 겨울로 오든 간에 말야

그럼 하늘이 잠시 나에게 보내준
에메랄드의 사랑처럼 말야

후후후 너가 오겠지 하늘에다 눈을 두면 말이지
눈을 너에게 두면 하늘이 가는 걸까? 그래?
이젠 알아 하늘과 당신은 연관된 상당한
피타고라스의 이론 말야.

심장이 그대를 닮아가네

나
그대를 사랑하네
이유는 없네

그대를 사랑한다고 해서
어디서 그 사랑이 시작되었냐고
묻지는 말게나

나
그대의 삶을 사랑하네
가슴에 심장이
그대를 닮아가네

사랑을 닮아갈 나이, 이 나이에
나는 오늘도 그대를 사랑하여
그대가 잠든 머리맡에서 서성이네

가끔씩 새벽에 눈뜬 건
그대를 닮아가는 나의 심장 소리 때문
그대가 살짝 깨버릴까 함이지

그대를 닮아가는 나의 시간들
세상에 주어진 시간들을 사랑한다네.

그대 하늘로부터 오는 편지

그대의 하늘로부터
구름 한 점을 기다립니다

가슴 깊이 기다리며
밤새워 적은 편지를 접으며
우표 한 장 내 마음 묻혀
한 가슴 안고 뛰어갔습니다

나의 마음이 구름 한 점이 되어
님에게 도착하기를
조마해 하며
님에게 전해질 나의 편지가
다시 그대의 마음 한 필의 편지로
돌아오길 바랍니다

지나가던
바람을 타고 올
소식 한 장 오겠지 기다립니다

즐거운 구름 한 점
그대의 마음 한 점을 사랑하며

그대가 쓴 편지 한 장
그리운 바람의 소식을 기다립니다.

나의 착한 호수, 그대 이름

내 가슴엔 그대를 사랑하는 호수가 있답니다
그대 이름이 있는 동안 늘 잔잔한 물결을 만듭니다

나의 가슴에 호수를 넘어,
물결이 험난히 위협하는 배경이 넘나들 때
한 아름 팔 벌려 나의 착한 호수에서
그대 이름 노닐어서 행복하다 합니다

비바람이 몰아쳐도 따뜻한 가슴으로 그대를 감싸며
그대 이름은 아지랑이의 따듯한 김이 모락 피어납니다

열심히 만드는 오늘에 나의 잔잔한 호수에서
그대 이름, 소녀의 이름으로 따스히 떠 있길 바랍니다

내가 살아온 길이만큼, 그대 이름이 행복하길 비는 건
그대를 잃고 평생을
나의 착한 가슴이 폭풍의 호수가 될까 함입니다

그대를 잃고 어떤 한나절, 사람인지라 꾸벅 졸 때
꾸벅 잠드는데 울어버리는
착한 가슴의 두려움이 무서운지도 모릅니다

내 가슴에 착한 물결이 호수 잔잔히 흔들며
그대 이름,
소중한 나의 사랑이 노닐어 행복하기 바랍니다

그대가 살아 있는 한 잠깐의 눈 붙임에
내 눈꼬리엔 피곤함 꼬리 자국이 남을지라도
나의 눈물 꼬리에 행복함은
내 착한 가슴에
그대 이름 따스히 남도록 만드는 것입니다.

My gentle lake, My dear name

Written by Keun Ho Son

trans., by Keun Ho Son

In my heart lies a lake that loves you
And the lake creates ripples so gentle
As long as your name will reside within

When the freigtening waves break upon,
The threatening scenery overwhelming
And overflowing my lake within,
The lake stretches its arms wide
and professes its geunuine happiness
Because you, my dear name,
Are here to stroll along my lake within my heart

Though the rainstorm may fiercely pound upon,
My warm heart will embrace you
And your dear name will exude a sweet vapor
That of a shimmering Spring haze

In my honestly endeavored today,
I wish your name to remain afloat
As the name of a maiden fair

So fair in the lake within my heart

The reason I pray for your happiness,
As much as the length of my lived life,
Is perchance my gentle heart forever become
a tempestuous lake upon losing you

I may be fearing for the fear of this gentle heart
That may cry over an unintended sleep
- for I am only human -
On one ordinary afternoon after you are gone

I wish you, my dear name and my endearing love,
To be happy strolling along my lake,
As the gentle waves sway my heart-lake
calmly and lovingly

Though a fleeting nap may leave behind
a trailing trace of fatigue on my eye,
so long as you live within,
The sincere happiness of my tear trace
would be to have you, my dear name,
remain softly within my gentle heart.

그리움이 나의 지평선에 해처럼 뜬다면

살아가는 동안
햇살 충만 될 그리움을 기다리는 건

언젠가
나의 지평선에 뜬다는 것을 믿는

밤새도록
그리움은
잠을 자는데 익숙한 새벽들만 만납니다

매일 밤
그리움의 새벽은
권태로우리만큼 외로움에 익숙하게만 만듭니다

사랑만을 위해
모든 것에 익숙할 감성은
새벽처럼 깊어지는데

그리움을 쫓는 이의 아침이 오도록
나는 그렇게 살아야 합니다

새벽이면 끝날 줄 알던 그리움은, 나에게
나의 지평선에 해처럼 퍼져 다시 시작합니다

만남의 인연이 오늘은 있을까 하는
기대의 지점까지 나는
하루에 머물러 있습니다

그리움의 피부는
진피층에서부터
햇살같이 피어오르는 시간 끝에

그리움의 채광이 끝나는 시간까지
권태로운 나는
살아 있는 동안
나의 지평선에 그대와의 만남이 해처럼
밝게 비추어졌으면 소원합니다.

녹차를 마시는 그대

끝내 사라지질 않을
향을 머금고 싶습니다

白毛의 아스라함이 피어난 솜털
암갈색의 투명한 색상
끝내 투명하여
사라지지 않을 이름이고 싶습니다

그윽함이 피어난 미소
암회색의 투명한 어깨선
끝내 돌아와서 저어야 될 나의 윤회

아홉 번, 암녹색 솥뚜껑이 닫히고
아홉 번, 암갈색 떠야 되는 보름의 날일

까치집이 지어지고, 새 무덤이 언덕에 메어지는
세월의 흐름이 사천의 물살만큼 거세어집니다

사라지질 않을 향을 머금은 나는
그대가 저으면 저을수록
진해져 가는 조그만 그대의 찻잎이고 싶습니다.

온몸이 귀가 되어

내 영혼을 온전히 담아
마음의 날개를 접고 머물고 싶은 곳
어린아이처럼 방문을 잠그고
그대에게만 보여주고 싶은 비밀 이야기
마음속 깊은 곳에서
그리움이 샘물처럼 차올라
눈물이 되어 흐릅니다

그대 앞에서
자석처럼 끌리는
마음의 조각
어느 모창模唱 가수의 꿈이
마음의 빗장을 열었습니다

온몸이 귀가 되어
듣고 싶은 그대의 음성
눌림 단추처럼 기다려봅니다

그리움이
마음을 물들이는
고운 저녁에.

그대로부터 비타민 부족으로

1
나는
파도가 밀려오면
하얀 물거품들은
하얀 얼굴로 다가오는
착시 현상에 빠진다

조가비 닳듯이
조개껍질 맨들라미가 되는
남들의 사랑만큼 독하지 못해

나만은
그대로부터 기억을
맨들한 파도의 하얀 얼굴이 되어
이별의 냉기에 얼어 있다

뭉클한 이별이
나를 착시 현상자
착시녀 눈에서
하얀 파도가 뚝 떨어진다
냉기의 눈이 아니었으면 좋겠다

2
조개껍질처럼 맨맨한 이별이란 없다
파도가 밀려오면
그대의 얼굴이 하얗게 밀려오는 것도

나의 착시증이
그대로부터 받지 못한
그대의 비타민 부족인 것이다

오직 그대를 사랑하는 것도
이별 후 이만큼 괴로운 것이다

그대의 얼굴이 하얗게 다가와
나의 눈동자에서도 하이얀 눈물이 떨어진다

하얀 파도와 하얀 조개껍질
하얀 발자국 하이얀 눈물이
내려앉는다

나의 기억 어깨 위로 하얀 파도들이 내려앉는다.

잊혀진 새는 비상하고 싶어한다

이별이란 병에서, 나는 잊혀진 날갯짓을 찾아
날갯짓을 찾아 비상하고 싶다

잎사귀를 흔드는 미약한 바람이 불어도
가슴 떠는 아픈 새

추억이 무거워
날개가 무거운
새가슴 죽지가
나는
새가슴이 되었다

비상하지 못하는 새 한 마리가 되었다

날갯짓을 잃어버린 사랑 앞에서
비상하지 못하는 새가 되었다

이별을 떨구고 비상하고 싶다
사랑 앞에서 자신 있게 날아가고 싶다

날지도 못하는 날갯짓을 잃어버린

나는야 슬픈
잊혀진 새

잊는 것이 어려운
권태로운
새가슴의 나는야
사랑 앞에서 비상하고 싶다.

하얀 겨울이 골목을 돌아올 때쯤에
눈부신 사랑을 하자

가을은 겨울이 오는
길목이며
사르르, 어깨선으로 떨어져
낙엽이 쌓이는 공터랍니다

내 마음속에 그대가 떨구는
이름들은 아스라이
떨어지는
또 하나의 낙엽들이 되었습니다

그대가 나의 공터에 주고 간 가을
우수수, 떨어져 앉은 기억들
그
낙엽의 이름이 하나하나씩 불려집니다

정동진역
셀부루 카페
해운대 바다

낙엽 뒷면에 적혀진 이름들이
다시 한 잎씩 한 잎씩 읽혀질 때쯤

아마 하얀 겨울은 골목을 돌아서 오겠지
그리고 하얀 눈을 보면서 사람과 거닐어야지

겨울이 오면 눈부신 사랑을 해야지
나의 공터에 낙엽들 위로 덮인 눈처럼.

그대가 듣고 싶었던 말인 줄로만 알았습니다

내가 앓았던 그 병의 이름은 사랑이었습니다
사랑이라 얻었던 아픔들
새 같은 내 가슴에
그대가 남긴 발자국들
지우라고 했습니다
그대가 가는 길에 그대를 위해서라며
이젠, 나의 힘이 다 닳아 없다는 건
그대를 위해 내가 할 수 있는 건
그대에 대한 나의 체념뿐이라는 걸 알기 때문입니다
새 같은 내 가슴에 그대가 자국을 남기기 전
내가 하고 싶었던 말은
그대가 하고 싶었던 말인 줄 알았으며,
내가 듣고 싶었던 말은
그대가 듣고 싶었던 말인 줄로만 알았습니다
새 같은 내 가슴에 그대가 남긴 발자국들은
그대가 하고 싶었던 말은
그대가 듣고 싶었던 말이었으며
내가 하고 싶었던 말은
내가 듣고 싶었던 말, 그뿐임을 말해 주었습니다
내가 앓았던 그 병의 이름은 사랑이었습니다
사랑이라 얻었던 아픔은 고열의 몸부림이었습니다

이젠, 체념이란 약으로 치료되기를 바라며
고열이 끝난 후 찾아올 햇살 같은 하얀 미소가
나의 입 끝에 맺혀지리라 믿습니다.

이별은 파우스트 너보다 더 악렬하구나

일상에 이별이란
이별 후에 꿋꿋한
새 만남이 온다 배웠거늘

사람이란 새 만남으로 인해
이전의 이별은 잊는다 한다 하거늘

그러나,

사람이 헤어지는 것을
더 이상 부르지 말아야 되는 이름이라는 것이
이별 후에
일상이어야 함을 지켰거늘

그러나,

이별은 회상의 호기심 많아서
파우스트보다 더 긴밀히
몰래
그 사람을 사랑했음이라고 속삭이더니
무의식이라는 시간의 혼돈이 올지라면

깜빡

깜빡

그 사람 때문에 울어버리게 하는 날들만을 만들더니

그리고,

이별이란
이별이라 하지만 잠재의식은 이별을 하지 못하게 하니
이별은 파우스트 너보다 더 악렬하구나.

그대의 바다에 그대를 만나러 갑니다

그대의 바다에 들어갑니다
저의 이름을 만날 수 있는가 싶어 들어갑니다

그대 바다 속에는 잠긴 섬이 있음을 압니다
그대 바다 속에 잠수섬을 향하여 내려갑니다

간밤에 맑은 마음으로 수면을 취하고
설레임의 꿈을 꾸던 매일의 밤 속에서
눈물 흘려도 그대 바다를 향해 가는 건
단 일분이라도
그대 바다 속에서 나의 이름을 만나고 싶으며
그대 바다 속에 자주 만나는 이름 중에
저도 있을까 하는 기대감입니다

때론
그대 바다 속에
영원히 유영하기를 바라지만
남은 산소는 시간이 급속하게 떨어집니다

그대 바다 속에 놓인 나의 이름을 뒤로하고
그렇게 수면

하늘 태양 비치는 곳으로 올라가야만 합니다

태양이 가까워지는 수면의 가까이에
잠수섬은 그렇게 멀어지고 사라집니다

오늘도 그대 바다 속에
저의 이름 남기고 왔습니다

그 잠수섬에
저의 이름 한 번 더 새기고 왔습니다

그대의 바다에 그대를 만나러 갔었습니다.

꽃잎 향기

그대의 새벽녘에
그대가 잠 못 이루어
바람의 끝에 밀려 함께 떨어져
절벽 위에 도르르,

떨어지는 두려움에 잡혀 있을 때
내 욕심, 아집에 쫓아 가르는 바람 따위로
나를 위해,
그댈 절벽 아래로 유혹하진 않습니다

한 발 아래 용기 얻어 뛰어내려
그대의 작은 용기로
한 장의 어지러운 시 한 장 따위를 바라진 않습니다
왜냐면, 그대를 힘들게 할 바람을 막을 수 있는
나의 꽃잎 용기 하나가
온 공간을 채우고
죽음보다 진한
그대의 그리움이 가슴 메워져 있기 때문입니다

어리고 유한 그대 사랑에
나의 꽃잎 향기 가슴에 바칩니다.

안개꽃의 이름이 되는 날

가뭇없이 길을 걷다
떠오르는 얼굴에

가슴 아파해 하는 슬프고도
아름다운 이 기억쯤은

햇살 아래 피어나는
안개꽃의 이름이 되기에

길을 걷다가도 가뭇없이
하나씩 가지고 있을 듯한

그 타인처럼 기억될
그 행복한 순간을 바라는 날

아름다운 이 기억쯤은
우연한 안개의 이름이 아닌
나만의 행복한 기억들이기를.

시지프스 사랑

그대를 안다는 것이
신들이 정해준 인연이길 빌며,

세상이 날 질투하여
그대를 사랑하는 것이
시지프스가 되어야 한다면

시지프스가 되어
돌을 올리고
또 돌을 굴리고

그러다 보면 어느 가까운 날
그대 앞에 놓인 나의 돌들에
그대만을 감동시킬 수만 있다면 좋으련만

그대를 사랑한다는 것은
공간과 시간을 초월해서 살아가는 나이기에.

이만큼 사랑을 보여 주고 싶습니다

참으로 많은 사람을 만났습니다
그만큼 보낸 사람들의 수

이제
만나는 사람들을 만나는 수보다
단 한 사람
헤어져야 하는 두려움에
저의 마음은 콩알이 되었습니다

숫자놀이에 익숙하지 못한 저
헤어짐에 치를 떠는 저
오늘은 행복합니다

헤어지지 않는 하루를 맞은
햇살의 변함없는 만남처럼
우리 만날 수 있으니

저만큼 보낸 사람에게 주지 못한 마음
이제라도 그대에게 이만큼 사랑을 줄 수 있으니
이만큼 사랑을 드리고 싶습니다
이만큼 행복합니다.

이별 화석

원하지 않았던 이별은 화석이 되었습니다
섬 주위에 굵게 파인 자국엔 눈물이 채워져 있습니다

나의 대지에 소곳이 앉아서 이별 화석에 돌을 던져봅니다
이별 화석은 살아가면서 지니고 갈
이 세상의 슬픈 전설입니다

만남이 살지 못하여
가슴의 대지에 죽어간 꽃의 전설이 있을 뿐입니다
사랑과 끝까지 승화하지 못한 이별은 화석이 되었습니다

사랑이 죽어가면 우리 가슴엔
처음 보는 화석이 생기는데

슬픈 건 우리가 우리를 이별을 이별이라고만 하지
이별 화석이라는 뜻과 이름을 모르기 때문인지도 모른다

이별 화석엔 언제나 눈물이 채워져 있는 것도
이별 후 언제나 그 화석 주위에서
바보같이 앉아 있는 것이다
눈물이 내리면, 자연히 파인 그 자국 사이로 모여지며.

가을 백서

외로워 두 손 벌리며 저녁노을을 닮아가는 석류
고귀한 기도 드리듯 가을의 그림자
슬픈 황혼이 늙어가는 작은 등성에 올라
살아가면서 만날 여러 사람의 수를 헤아리고

많은 사람이 주고 갈 가을의 침묵이
짙은 약속으로 다시 바람처럼 스쳐 지나네
떨어진 갈색 연한 이 낙엽 위로
긴 그림자로 가을의 거룩함이 보이네
세월이 익어 가을처럼
거룩할 수 있는 존재가 되기를

가을의 높은 침묵의 존재로 남아
낙엽의 성스러움을 만나는 이들에게

신선한 사랑을 전해주어야지
그리곤 나의 인생을 걸어야지.

시들지 않는 꽃

그대는 씨앗이었습니다
세상에서 자리하지 못한 존재로 태어나
바람, 바람 의지하여 날아다니기를

언젠가, 정착한 꽃이 되리라며
바람을 타고 날아다니던 한 개의 씨앗이었다 합니다

그대는 눈 끝 아련히, 끝에 번지는 눈물이
영글어 맺히기 시작하면, 그 순간부터
대지에 내려, 아침에 눈뜬 햇살의 기억
대지에 묻혀, 저녁이 주는 이슬의 추억
그이를 만나 피어난 가슴 꽃 하나 생각게 한다더군요

기억을 해보니, 그대가 그이와 맞이하던 햇살
그이와 나누던 이슬 키스를 통해

그대의 눈빛에서 반향되었던 눈빛
그리움의 극치에 도달한 눈빛
시들지 않는 눈꽃이 되었다 했습니다

시들지 않는, 그리움의 눈꽃으로 피어나

기다림의 꽃으로 변이한 것 같군요

이젠, 어제의 그리움의 눈꽃이었던, 그댄
오늘에 기다림의 꽃이 되었다고 믿어요

그이가 그대에게 주었던 그 추억을 믿으며
나는 이 눈꽃을
시들지 않는 기다림의 꽃이라 부르렵니다.

이별을 덮어줄 사람을 만나고 싶다

스스로 아물지 못하는
흉터일 바에는

이별을 덮어줄
사람을 만나고 싶다

홀로 남겨진
이별로 받은 상처

나의 이별에
나의 가슴에

남겨진 이 화상 자국
뜨거움에 데어버린 사랑 자국

남겨진 데인 열을 지울
만남이 있었으면 좋겠다

이별을 지울 수 있는
새살 같은 만남

이별 흉터를
지워주면 좋겠다

스스로 아물지 못하는
흉터일 바에는

흔적 없이 덮어줄
사람을 만나고 싶다

스스로 아물지 못하는 이별
만남으로 감싸 줄 이를 보고 싶다

나만이 입은 멍울에
견디는 내 시련들

이별을 덮어 주는
사랑의 시작에

새살 같은 만남을
가지고 싶다.

개미허리

개미가 짧은 건
허리가 짧은 것

나는 더듬이가 있다
나는 유달리 그대를 만나면
더듬이로 그대를 비빈다

우리가 만나는 시간
가끔, 너무 짧음
그 짧은 시간에
대화는 개미허리다

개미의 키가
작은 건
개미허리가
짧은 탓

나의 더듬이는
그렇게 요란히
그대를 비빈다
개미처럼 비빈다.

눈꽃 연인

시간이 지나고
현실의 색상은
오래된 서적의 먼지처럼 두꺼워집니다

시간이 두꺼워진 회색의 겨울에
백설의 눈이 나풀거려
내가 받아들이는
이 회색의 계절을
자욱 없이 덮어 주었으면 합니다

백색의 나의 대지에
한 사람을 조용히 초대해서
아름다운 겨울 사랑을 속삭이고 싶습니다

초롱한 맑은 그리움
새하얀 대화
그렇게 새하얀 겨울에
어렵게 피어난 눈꽃
연인이 될 수 있으면 합니다

눈꽃 연인이 되고 싶습니다.

가난한 연인의 크리스마스 이야기

올 크리스마스엔 꼭 너에게 선물할게
그렇다고 이런 메일을 보내니
뭐라더라
크리스마스카드 쓸 것
만 원짜리 이상 선물 살 것
그래 미안해
신경 못 가진 것 말야
올 크리스마스엔
작은 나의 사랑에게
산타가 되어야지
그녀가 어릴 때
만나지 못한 산타가
이젠 그녀의 나이에
내가 산타가 되어야지

가슴으로 적은 카드 한 장
만 원짜리 이상 선물 고르고
그래 이번 크리스마스엔
그녀의 모든 것이 되도록
오늘부터 준비해야지.

그대가 흐릴 때

그대의 마음이 흐립니다
그대 마음의 시야가 흐립니다

나의 맘이 맑아서
늘 그대 하늘에 흐림을 걱정합니다

그대 하늘에 구름 떼 같은 아픔이
그대 하늘을 덮는군요

그대 하늘 슬픔이 먹구름 채우고
나의 맘은 그대로부터 먹구름으로
채웁니다, 그대 하늘 맑아질까
싶어 하는 마음에 말이죠

내 마음이 흐려지고
그대 하늘 맑아지면
하늘 어디선가
햇살이 되지 않을까 합니다

그대의 먹구름은 나의 하늘에
이쁜 생채기로 남을 것이죠.

詩는 나의 연인

세상이 죽은 듯이 잠을 잘 때
가만히 그대를 깨운다

눈 비비고 기다린 시간
우리들의 시간이 문을 연다

어루만지고, 품에 끼우고
다리로 감싸보고, 키스를 한다

그대와 나는 어떤 이름이라도 좋을
정원에 앉아 대화를 한다
타인이 없는 조용한 시간에.

눈물 수정을 물고 나는 새 이야기

새야
섬에서 떠올라
나의 그리움을
해풍을 넘어가 다오

그리움이 맺힌
내 눈물 물어
눈물 수정을 물어
섬에서 떠올라라

새야
바다를 넘어
이 그리움
내 눈물 수정을

님에게
놓아두고
날개의 깃털만큼
가벼이
돌아와라.

눈물이 끝나는 날

눈물이 있기에
살아 있는 영혼이라

눈물이 있기에
사랑은 죽지 않으며

눈물이 다하는 날
나는 로봇으로 살아야 함이다.

행복한 여인

당신이 미인 아니라도 내가 그댈 사랑하면
시린 찬바람일지라도 그댈 내 품 안에 들이리

당신이 큰 실수를 하더라도 내가 그댈 인식하면
봄에 지는 황혼보다 더 그댈 감싸리

언젠가 당신을 만나 그대가 숨겨둔 고백으로
나는 기뻐 우짖노라

당신이 가진 이가 아니더라도 내가 당신을 소유하면
당신은 가장 가진 이가 되는 이유로
당신은 나를 위해 나를 지켜줄 것입니다

어느 날 당신이 나에게 속삭이게 하는 이유가
사랑 때문이라면 난 그댈 위해 나를 지켜
그대의 마음이 되겠습니다
이제는 당신이 행복한 여인입니다.

바다야

바다야
밤새도록 너의 고운 손 매무새로
파도를 만드는구나

잠들지 못한 나도,
파도와 그리고 자그마한 바위에
머리를 기대어 백설의 손길을 보는구나

밤새도록 너의 흔드는 손길과
너의 손끝에 밀려오는 파도 내음이
나의 여백에 채우는구나

바다야, 너의 머릿결
해초 내음은 나의 원초적
그리움의 내음이구나.

편애 없는 꽃이 되어

타인의 망상에서
그대 이름의 어깻죽지가
작아져 있음을 보았습니다
나의 편애 없는 그리움은
그대의 흔적을 따라
그대의 골짜기를 따라갑니다
음미한 그대 이름의 젖음
편린으로 젖은 그대 모습에
나의 편애 없는 사랑은
내가 아무것도 아닌 나를
후회 없는 씨앗으로 존재케 합니다
곤란한 속세의 귀속에도
그대의 주위에서 말없이 피고 지는
꽃이 되어 그대를 위한 편린 없는 향기
편애 없는 꽃으로 영원히 피어납니다.

사슴 같은 그대를 달래며

살고자 하는 모든 살아가는 생명 앞에서
한 번만 더 만날 수 있다면
타고난 목숨 버려도 상관없음이
사슴 같은 그대 가슴에 적혀진 진실이라 하더군요

온종일 창가에 바람이 흔드는 자작나무에
잎 없는 앙상한 가지를 바라보며
시간 없이 밀려나오는 눈물, 눈물을 흘리는군요

그대가 기대어 서 있는 창가에
한 아름 겨울 안개가 너울너울
점점 메워 나가며 공간들을 채우고 있습니다

새벽이 찾아와 새벽녘에 그렇게 서 있을
여린 사슴의 가슴, 눈동자에 이슬 맺힌
그대의 가슴에 찍혀진 사랑이 걱정하고 있습니다

일월의 차가운 한기에
사슴 같은 그대 가슴과
마르지 않는 그대의 눈물을 생각하면
그대 눈물의 마름이 바람이라며

나의 눈물은 흘러내립니다, 나도 모르게

자작나무의 모습은 안개 사이로 희미해지고
자작나무도 나의 눈동자에 잠기어 사라집니다

살아 있는 동안에 한 번쯤은
제가 걱정하는 그대의 눈물 꼬리가
마르리라 믿으며 이만 적겠습니다

살아 있는 모든 하나, 하나를 쓰다듬으며
살아온 그대의 사슴 같은 손길을 바라볼 것입니다.

눈물로 지울 수 있는 것

눈물 흘리다 보면
맘 투명해집니다

맘에 묻은 얼룩들
맘에 적힌 아픔들
눈물로 지웁니다
가진 것이 눈물뿐이라

밤이 되어, 나의 시간이 오면
눈물마저 편안히 흘립니다

눈물의 정체 없는 나의 사랑
나의 사랑으로 지워야 할 부분을 지웁니다

눈물로 지울 수 없는 부분은 없습니다
오늘 못 지우면 내일 또 지워야지요

아픔으로 채워진 가슴을
얼룩으로 그려진 가슴을
눈물 한 방울, 가득 사랑 넣어
오늘도 말없이 가만히 지웁니다

향사슴으로 산다

향사슴
저녁만 오면
너를 보고 싶은 호흡으로
가슴은 뛴다

나의 숨결 냄새가
그리운 냄새를 품고 있다

저녁이 나타나면
그리움의 냄새가 진해져 진동하니,
심장이 타들어 간다

저녁이 탄생되는 오늘도
그 그리움의 향을 가진
단순한 사슴이 되는
현실의 등성에 서 있어
그리운 이를 향해
사슴으로 산다

향사슴으로 산다.

아름다운 나의 병력

한없는 그리운 이
아픔의 끝은 가슴 명치끝
사랑 앞에선 불구자로 남아
살아서 견뎌야 할
이 애달픈 사랑병

불구자의 병력엔
그리움의 진단이 나의 가슴에
햇살이 시작되는 완연한 사랑을 위해
오진의 결과라면 좋겠다

견디는 그리움에 가슴만 깊어지고
도려내야 할 상처를
아직까지 품고 사는 건

그 흔적마저 사라지면
그리움이라는 근원마저도
또 다른 병을 만들 것이람을 알기에
가슴만 휑하니 깊어져 버렸다

나의 것이 될 수 없다는 걸 수차례 알면서

더 이상 우려낼 회상 색깔도 없는 추억
단지 분홍빛 엷은 그리움 때문에
나의 가슴 병에 대한 오진을 받아들이고
그리운 이를 그리워
기다림의 불구자로 살아도,
후회 않을
나의 아름다운 병력 앞에서
가까운 그리움을 향한

기다림의 불구자로 산다.

유리잔의 빙점

보여도 순한 투명한 가슴이
보내고 만 이별이란 계절에 놓여진다

그 계절은 한동안 봄이 없으며
온 바람, 차가운 냉기가 품어져 맴도는 곳

얇디얇은 유리잔 같은 가슴에
이별로 얇사리 얼기 시작한다

오지 않으리라 착각하던 이별
옛 추억의 온기로 울렁거리며
빙점을 막으려 차가운 계절에 잠을 이루지 못하고

마지막 남은 혼자의 가슴에
빙점에 다다름을 막으려
눈물로 유리잔을 뎁힌다

나의 빙점에 오늘 밤 사이 얼어버릴까
내 사랑의 애달픔으로 눈물을 흘린다.

자작나무

한 번은 이런 생각을 하지
왜 인간으로 태어났을까
자작나무로 태어나지

아주 과묵하고 진지하게
하늘을 보고 웃고
그냥 자리하지

핀란드의 통나무집이라도 되거나
테라스라도 되어
따뜻한 햇볕도
앉아 쉴 수 있는
여유도 있을 것인데

아니면,
부엌의 창문이라도 되어
테라스 쪽에 열려 있는
부엌에서 맛있는 음식의 냄새라도
즐길 수 있을 것인데

죽어도 자작나무가 되어서 말일세.

천 번의 키스

한두 번의 키스로 아름다운
사랑이라곤 하지 마세요

한두 번의 바다를 본다고 해서
묘령의 바다를 안다고 해선 안 됩니다

아직 천 번도 못한 키스
천 번의 키스에도 부족합니다

한두 병의 술잔을 비웠다고
좋은 벗이라고도 마세요

아름다운 것이란
천 병의 술병도 부족하며
천 번의 키스도
부족한 것이라는 걸 아셔야 합니다

우리는 만나서
키스를 하며 술병을 비우며
아름다운 바다와 사랑을 논해야 합니다
천 번도 부족하다며

천사가 되어

잠을 잡니다
내 영혼은 나의 몸에서 나와
날아갑니다 휠-, 사르르…

한참을 날아 닿아서
잠든 그대의 옆에서 쪼그리고
잔잔히 그대 엷은 이마에
날개 짙은 손으로 대어봅니다

그리고 기도를 드립니다
다시 당신의 고운 숨소리를
날개 끝으로 대어봅니다

나에게 주신 소명
소명을 주신 하나님에게
감사드립니다

어디선가, 날이 밝아옵니다
내 영혼은 그대의 옆에서
눈물 한 방울, 긴 숨 한 호흡
남겨두고 날아갑니다 휠-, 사르르….

환생

난 그대의 행운목이라면
약간의 배려만 준다면
영원히 존재하는 그대만의 행운목이련다

그대 나라의 착한 행운목이 되어
그대의 이름을 머금고 자라난다

그대가 잠드는 사이 따뜻한 향을 풀며
그대가 일어나는 아침에 피어나는 새순의 잎사귀
그대에게 나누어 주는 나만의 사랑이
하얀 꽃으로 태어나 그대의 공간을 채우며 존재한다

후회하는 일이 없는 그대 생각 앞에
그대의 맑은 행운목으로 태어나야지

무인도에 살면

나 그리 좋은 곳 없는 무인도에서 살리라
사랑하는 사람 데리고
땅을 경작하고 소 염소 치고 살리리

새벽이슬 떠는 아침에
카나리아 지저귀는 숲을 지나
그녀와 손잡고, 해변을 거닐리라

태양이 하늘 중간에 오르면
낚싯배 잡고 고기 몇 마리 건지고
그녀는 나뭇가지 몇 개 꺾어 불 피우고 있으리라

저녁이면 삼일 전 짜낸 기름
호롱불, 불심에 묻혀 적시고
밤새도록 대화하리라

대화하다 지쳐 잠들 때까지 말이다

시간은 파도 소리에 잠자고
별빛은 파도에 담겨지는
무인도에서 보내리라.

당신은 이별과 만남의 줄에 줄 타는 광대

뒤돌아보지 마세요
그대, 뒤에는 이별
앞은 만남의 줄에
외로운 줄타기를 한답니다

옆도 보지 마세요
가다 보면 넘어지지 않은 채
기다리고 있는 사랑
사람을 만나게 됩니다

앞만 보고 가세요
사람을 만나다 보면
밤새워 소리 없는 눈물
눈물 마를 인연도 만나게 되잖아요

그제사 줄에서 내려오세요
그대가 만난 사랑에
그동안 외로이 염원하던
그대의 마음을 넣으세요

다시 시작하세요

이제는 그대가 좋아하는 색깔과 톤
샤넬21을 옷깃에 살짝 뿌리시고
그리고 그대의 마음을 칠하시면 됩니다

슬프지 않은 향기로 이별이 다가왔으면 좋겠다

지금
타인이 어설픈 타인
아무것도 아닌 외부인

마음속에 남겨진
타인을 위한 눈물 자국
얼룩진 눈물 자국

내 마음에
빈 의자 하나
프리지어 같은 기억
타인으로부터 낯설지 않은
기억의 향기
슬픈 향기

잊지 못한 어설픈 타인
시간이 지나고
그림자처럼 남긴
눈물 하나
빈 의자 하나
프리지어 기억 하나

어설픈 타인 하나
슬픈 향기 하나

이제 그만 이별 향기가
너무 진하지 않으면 좋겠다.

고흐, 밤의 카페 테라스에서

고흐
밤의 카페에서 우리 이야기 좀 하지

노천카페야
열 남은 수의 테이블에서

맨 앞쪽에 앉아
자넨 블루마운틴에다
럼주를 넣어 사르르 흔들고

난
홍차에다 스카치 두 럼을
넣어 사르르 흔들겠네

저 연인들 봐
다정하지, 보기도 이쁘지

아직
자네 좋은 사람
찾고 있다며 하고 들려

저 별들 봐
아를르의 별이야
자네가 찾는 건 별일 수도 있어

그래
언젠가 그랬지 아침에 눈 뜨면
왜 다시 눈이 떠질까 하고 말야

친구야
자 한잔 들지 사르르 흔들지 말고

오늘따라 고흐의 카페가
스잔하게 외로워 보인다

참 하늘도 맑다
그런데 우리 내일도 보자.

| 해설 |

위반의 치유에 대한 무의미의 발견
－사물을 알아보는 관점에서의 의미에 대한 가치를 말하다

하영상(시인)

　자연에서 발견하는 존재는 자연의 법칙 속에 있는 것만이 아니다. 손근호 시의 본질은 사물을 환기하는 복합적인 사색에 있다. 그것은 순례자가 겪게 되는 시인으로서의 관찰력이다. 때로 서정적이었다가 세상의 구속에서 일탈한 시적 긴장감을 보여주면서 밖으로 나가 보여주는 작가 자신만의 특별한 메시지가 시의 생명에 대한 원심력을 갖는다.
　시집에서 시인은 '대화의 핀트가 안 잡혀 정상 핀트가 나간 것 같고 마치 술 먹은 듯, 하기도 하고' 그대를 위한 나의 집중의 시력이 AF 잡는 속도가 본의 아니게 느려졌다고, 게다가 그대 마음에 가볍던 나의 초점이 완벽하게 잡히지 않는 듯하다, 고 화자를 설득하고 있는 「알아보시고 연락 주시길 바랍니다」에서 글을 취하는 독자들은 손근호 시인의 시 세계를 관통하는 서정의 실체를 쉽게 간파할 수 있을 것이다. 물론 이 시의 중심은 카메라의 눈에 초점이 클로즈업되어 있지만 단순히 카메라의 기능이나 효용성에 한정되지 않고 카메라를 통한 삶의 다양한 풍경을 풍경이 아닌 피사체를 향하고 있는 정확한 시각의 앵글을 정면에 두었다는 것에 특별하다. 원색적으로 보이는 세상의 질서를 향

해 우리가 현실에서 보지 못하는 사소한 일상을 사유하며 반성적 성찰에 대한 내면의 소리를 알아보려는 것이고 이 서정적 상황을 투명하게 묘사함으로써 나 자신에게 먼저 알리고 연락하겠다는 것이 손근호 시집의 전체적 맥락이기도 하다. 화제가 되고 있는 시 「알아보시고 연락 주시길 바랍니다」를 읽어보자.

> 얼마 전 오랜만에 봄나들이 가는 날
> 헤르만 헤세의 애인 만나는 날처럼
> 그대를 향한 발걸음이 가벼웠지만
> 순간 그대와 나 사이에 갈바람이 세차게 불어옵니다
>
> 갈바람 탓의 존재와 대화를 하다 보니
> 대화의 핀트가 안 잡혀
> 정상 핀트가 나간 것 같고 마치 술 먹은 듯합니다
>
> 전에는 대화의 초점을 자동으로 잘 잡아내었는데
> 그대를 위한 나의 집중의 시력이
> AF 잡는 속도가 본의 아니게 느려졌고
> 게다가 그대 마음에 가볍던
> 나의 초점이 완벽하게 잡히지 않는 듯합니다
>
> 즐거운 새벽 아침
> 그 가볍던 발걸음과 종달새 반기는 소리는 반전으로
> 싸그럭싸그럭 아득하게 들립니다
>
> 가벼운 존재의 발걸음이
> 오만과 편견의 무거운 발자국이 되었습니다
>
> 빠른 시간 안에 당신께 AS 보내니
> 증상 알아보시고 연락 주시길 바랍니다.

−「알아 보시고 연락 주시길 바랍니다」 전문

  여기서 손근호 시인은 그대와 나 사이에 세차게 불어오는 갈바람이나 대화의 핀트가 안 잡혀 정상 핀트가 나갔다는 것 그리고 나의 초점이 완벽하게 잡히지 않는 것에 대한 설정을 해 놓은 것은 이 시집 전체를 아우르는 무겁고 다양한 시적 변주를 위한 시의 자양분을 지금 현대인들이 심각하게 겪고 있는 정신적 불황과 불안정한 심리적 공황 상태에서 가져온 것이다.
  독자가 스스로 깨닫지 못하는 아픔을 상기시켜 시를 통한 치유를 얻고자 하는 의지가 돋보이는 이 시는 카메라의 눈에서 시작된 눈의 사건에 대한 전말을 보여주지만 시구를 자세히 읽지 않으면 오만과 편견이라는, 자칫 술 취한 듯한 문장에 대한 사건으로 비칠 위험이 있다. 이 눈에 보이지 않으면서 눈뜨고도 보이지 않는 존재의 무너진 경계를 안쓰러워하고 가볍지 않은 발걸음으로 만든 세상을 향한 총체적 시선으로서의 뜨거운 눈시울이 손근호 시인의 시는 간결하면서도 일목요연하게 만든다. 그러나 이 시집에 등장하는 그대와 나는 각박한 도시인의 삶에 지친 정신적 항거의 주체이면서 도발적 현실주의자이기도 하기 때문에 이 시가 마냥 가볍지 않은 까닭이 여기에 있다.

  오지 않으리라 착각하던 이별
  옛 추억의 온기로 울렁거리며
  빙점을 막으려 차가운 계절에 잠을 이루지 못하고

  마지막 남은 혼자의 가슴에
  빙점에 다다름을 막으려
  눈물로 유리잔을 뎁힌다

  나의 빙점에 오늘 밤 사이 얼어버릴까
  내 사랑의 애달픔으로 눈물을 흘린다.

-「유리잔의 빙점」 부분

　연인과의 불편한 관계를 다분히 사회적인 분위기로 환기시키고자 하는 의도를 은유적으로 드러내 보여줌으로써 불안과 불확실한 미래에 대한 본질의 훼손을 빤히 들여다보는 것이고 갇혀 있는 물상에 대해 투명 속의 어둠을 빙점이라는 결정체로 말하고 있는 것이다.
　액체가 고체화되어 변화하는 과정의 이 평평한 긴장 모드에서의 평형을 유지하는 빙점이 투명을 상징하는 유리잔이나 눈물을 통해 밖으로 향하고 있다는 것은 무의식적으로라도 화자의 고민을 들여다보겠다는 것이다. 세밀하게 들여다본다는 것은 나 자신을 알아보겠다는 것이며 그리고 연락하겠다는 시의 흐름과 동일하게 교류하는 것이다. 이것이 빙점을 막으려 차가운 계절에 잠을 이루지 못하는 불안을 호소하는 것으로 물도 아니고 얼음도 아닌 불안정하면서 극적인 상황을 전개하여 오히려 화자에게 질문을 던지는 듯한 문장이 된 것이다. 눈물로 유리잔을 데우는 것이나 오늘 밤에 얼어버릴지 모르는 고독한 물의 이미지 또한 손근호 시의 또 다른 맥락이기도 하다. 물의 이 액체성은 무너지거나 쏟아지는 것의 수식이다. 카메라의 고장에서부터 연인과의 붕괴를 빙점이라는 매개를 통해 물과 환원하면서 바닥을 노래하고 무의미로서의 디아스포라를 즐기고 있다.
　그러나 빙점에서 보이는 물의 이미지는 마냥 어둠을 전제하는 붕괴나 곪아 흘러내리는 물의 죽음이 아니라 빙점을 막으려 차가운 계절에 잠을 이루지 못할 만큼 영원한 운동성으로 바뀌며 필연적 생명수로서의 역할을 암시하고 있는 것이다. 이번 시에 눈물이나 호수 그리고 바다와 눈꽃을 대변하는 물의 다양한 변주를 많이 차용하고 있는 것은 어쩌면 이별이라는 극단적 주제와 무관하지 않다. 물과 이별이라는 초강수를 염두에 두고 등장하는 눈물이라는 단어가 울어버리고 싶은 화자의 감정에 따른 시선으로 읽히기도 하지만 슬픔이라는 것이 울음으로 지울 수 없듯 다만 액체성의 흘러내리는 것으로 눈과 바다가 막연히 흘러 내림으로 불안정의 세계에 대한 감정의 이완을 요구하고자 하는 것이다.

　　한겨울 내린 눈들은 쌓이는 대로
　　새하얀 백설기 같은 눈꽃 인형들이 된다

　　눈꽃 인형은 햇살이 오후에 뜨면 소금인형은
　　바다에 들어가
　　녹아서 없어지는 것처럼

　　눈꽃 인형은
　　그 빛이 얼마나 따스한지 얼음물이 되어 녹아든다
　　얼마 후 찰나에 아지랑이처럼 피어난다.
　　　　　　　　　　　　　　　　　　　　　－「눈꽃 인형」 전문

　물을 주제로 한 또 다른 시 한 편이다. 손근호 시에서 눈眼은 눈雪과 중첩되어 있다. 카메라의 눈과 내리는 눈은 발음과 한글 문자에서 동일 선상에 있다. 눈雪을 보는 눈眼 사이에 긴장이 있다. 카메라의 눈은 단순히 본다는 의미 외에도 바로 바깥을 향하는 이 세상과 연계되어 있다. 내리는 눈은 피사체로서의 목적이고 응시하는 눈은 주관적 주체인 것이다. 소금인형이 바다로 들어가 녹아 없어지는 것처럼 눈꽃 인형도 빛에 녹아 없어진다고 한 부분은 물의 액체성을 통해 격렬한 무의미를 전하려는 시인의 적극적 의도로 보인다. 우리의 삶에 가해진 외부로부터의 충돌이나 정신적 가해에 대한 절망과 분노를 액체화하여 바닥으로 흘러내리게 하여 밀도 있는 생의 가치를 되찾아 복원하겠다는 것이기도 하다. 부정적인 상황에 대해 물이 갖는 해체와 분산을 도모함으로써 생명력의 복원을 꾀하고자 하는 것이다. 이러한 설정은 '눈꽃 연인」이라는 시에서도 보이는데.

   시간이 두꺼워진 회색의 겨울에
   백설의 눈이 나풀거려
   내가 받아들이는
   이 회색의 계절을
   자욱 없이 덮어 주었으면 합니다 (중략)

 회색은 폭력과 질시, 썩어 무너지는 부패의 상징으로 물의 오염을 인정하고 이런 소외받은 아픔이나 상처를 자욱 없이 덮어 부정적 현상을 치유하겠다는 시인의 열망이 들어있다. 그리고 이 물은 자유와 희열의 표상으로 범위를 확대하고 있다. 그러므로 풍경으로서의 내리는 눈과 빈틈없이 보고 있는 눈 사이를 알아보고 행복한 미래를 전하겠다는 의미로 연락하겠다는 손근호 시의 코드가 이 시에도 바이러스가 되어 만연해 있다.

   행인의 발걸음 소리가 사라지고
   흐느적거리는 술 취한 사람들이

   자갈치를 바다로 여기며
   하나둘 환한 포장마차에 모여 있을 때이다

   홍합 냄새가 무르익어 포장마차의 불빛이
   자갈치의 바다에 비추어 물결이 흔들린다

   자갈치의 생선 씻은 냄새는
   파도 소리를 묻혀, 사람들을 지나친다.
                                     -「자갈치의 하루」 부분

 앞에서 다루었던 눈과 소재가 얼핏 다른 것 같지만 이 시도 바다를 겨드랑이에 끼고 있는 자갈치 시장의 한 포장마차를 무대를 옮긴 것 외에는 포장마차 안을 들여다보고 연락하겠다는 작가의 기본 의도에서 벗어난 것이 아니다. 시의 언어를 빌리면 비린내 나는 서민들의 삶의 현장인 포장마차도 그늘에 머물러 있는 것만 아니다. 우리는 80년대와 90년대의 가학적인 정치 현실과 반생태적 현실의 각박한 도회적 일상에 이미 절망적 내면을 갖고 있다. 이 비루한 현장의 대명사이다시피 한 포장마차를 마치 한 폭의 수묵화에 담긴 미묘한 서정으로 그려내 자갈치로 분장한 어깨 처진 도시인의 모습을 보여주고자 하고 있는 것이 이 시의 모태이다.

물론 80년대를 보여주며 지금의 시대적 불안정과 경제적 불황을 상기시키려는 시의는 이미 짐작 가능하다. 자갈치를 바다로 여기며 하나둘 포장마차로 모여 있을 때라고 하는 문장에서 느껴지는 사람과 사람의 관계는 곧 사랑으로 증폭된다. 사랑과 이별은 삶의 중요한 부분이다. 바다라는 그물 바깥에 질곡과 애환을 건져 올린 자갈치와 포장마차가 있다. 가장 아픈 사랑은 사랑할 대상이 없다는 것이고 이별 또한 한때의 열병이었지만 삶을 안정되게 보장해 주는 것이 아니므로 생선 씻은 냄새가 사람을 지나친다라고 말하고 있다. 그러므로 사람과의 관계나 그 관계를 사람들이 하나둘 모여 있을 때라고 한 것은 일에 지쳐 흩어졌던 생각들이 시시각각 즉흥적 변화를 추구하면서 만남과 헤어짐의 거리감을 해소하려는 시인의 의도이기도 한 것이다.

    원하지 않았던 이별은 화석이 되었습니다
    섬 주위에 굵게 파인 자국엔 눈물이 채워져 있습니다

    나의 대지에 소곳이 앉아서 이별 화석에 돌을 던져봅니다
    이별 화석은 살아가면서 지니고 갈
    이 세상의 슬픈 전설입니다
    (중략)

이별 화석엔 언제나 눈물이 채워져 있는 것도
이별 후 언제나 그 화석 주위에서
바보같이 앉아 있는 것이다
눈물이 내리면, 자연히 패인 그 자국 사이로 모여지며.
— 「이별 화석」 중에서

　이별과 눈물은 이미 한 통속이다. 이 모든 아픔을 화석으로 만들어 기억하겠다는 것은 이별의 근원이 된 사랑의 분화구를 차단하겠다는 의지이다. 지금까지 손근호 시의 특징이 그러하듯이 시의 전체적 분위기도 눈물과 이별을 말하고 있지만 이별이 화석이 되기 전에 눈물이 먼저 굳어버려 믿을 수 없을 만큼 충격적이고 거대한 사회적 아픔이 진실인지 허구인지 몰라 '나의 대지에 소롯이 앉아 이별 화석에 돌을 던져 본다,라고 한다. 우리는 이별 때문에 미칠 수 있지만 이별 때문에 정신 나간 사람을 다시 찾아가 이별할 수는 없다. 그러니까 내가 보고 있는 이 이별의 흔적이 된 화석을 알아 보고 있지만 눈물이나 이별을 교정할 수 없기 때문에 순수의 이별을 그대로 연락하겠다는 이 시집 전체의 흐름인 눈과 눈물에 쏠려 있는 것이다. 눈은 객관적 시선으로 밖을 보는 상관물에 대한 주관성의 육체이다. 밖의 피사체가 된 세상의 화석이 우리의 주관적 마음속으로 들어와 정화되기를 바라지만 모든 잘못에 대한 반성은 이미 반성에 대한 배반이다.
　그러므로 물이 무색무취하며 무의미하게 흘러가게 하는 눈물이나 이별에 대해 실체는 없지만 보이지 않으면서 밝게 빛나는 눈을 주목해야 명확하게 보는 것이 될 것이다.

그림과책 시선 315

알아보시고 연락 주시길 바랍니다

초판 1쇄 발행일 _ 2024년 11월 28일

지은이 _ 손근호
펴낸이 _ 손근호

펴낸곳 _ 도서출판 그림과책
출판등록 2003년 5월 12일 제300-2003-87호

03924 서울특별시 마포구 월드컵북로54길 17 821호
    (상암동, 사보이시티디엠씨)
      도서출판 그림과책
전화 (02)720-9875, 2987 _ 팩스 (02)720-4389
도서출판 그림과책 homepage _ www.sisamundan.co.kr
후원 _ 월간 시사문단(www.sisamundan.co.kr)
E-mail _ munhak@sisamundan.co.kr

ISBN 979-11-93560-23-5 (03810)

값 12,000원

이 책의 판권은 지은이와 그림과책에 있습니다.
잘못된 책은 교환해 드립니다.